# The Oldest House in th

By Kat Aragon • Illustrated by Mary Jo Madrid

# La casa más antigua de los Estados Unidos

Escrito por Kat Aragon • Ilustrado por Mary Jo Madrid

**Lectura Books**
Los Angeles

It was a cold and snowy night in Santa Fe, New Mexico.

But the oldest house in the U.S. that has sat on De Vargas Street for hundreds of years was warm and cozy.

"This old house has been here since 1200," said the Angel Teresa in her sweet and soothing voice. "Built by the Indians who lived here in those days. They used adobe and made it strong. The house was part of a whole pueblo."

Era una noche fría y estaba nevando en Santa Fe, Nuevo México.

Pero la casa más antigua de los Estados Unidos, la que ha estado en la Calle De Vargas por cientos de años, se sentía cálida y acogedora.

—Esta casa antigua ha estado aquí desde el año 1200 —dijo el Ángel Teresa con su voz dulce y tranquila—. La construyeron los indios que vivían aquí en aquellos tiempos. Usaron adobe y la fortalecieron. La casa era parte de un pueblo entero.

"Teresa," asked little Annie, "did you say 1200? That's a long time ago."

"That's right," said Teresa, "1200– and we have protected this house ever since."

"They call this part of Santa Fe the Barrio of Analco," Teresa said. "It means the neighborhood on the other side of the Santa Fe River."

"Teresa," Annie asked, "have people always lived here?"

—Teresa —preguntó la pequeña Annie—, ¿dijiste que fue en 1200?

—Así es —dijo Teresa—. El año 1200, y desde entonces hemos protegido a esta casa.

—A esta parte de Santa Fe la llaman el Barrio de Analco —dijo Teresa—. Significa el barrio del otro lado del Río Santa Fe.

—Teresa —preguntó Annie—, ¿siempre ha vivido gente aquí?

"They lived here until about 1435 and then something happened and the people moved away, they went south. I don't know if they ran out of water or food but they left," answered Teresa.

"Then no one lived here for over 160 years, until 1598," Teresa went on to say. "Don Juan de Oñate led an expedition of Spaniards and Tlaxcalans to the area. Nearly a thousand people were with him. They named the place Santa Fe."

"What were they like?" asked Annie.

—Vivieron aquí hasta el año 1435. Después algo sucedió y la gente se fue hacia el sur. No sé si se les acabó el agua o la comida, pero se fueron —respondió Teresa.

»Después de eso, nadie vivió aquí durante más de 160 años, hasta 1598 —explicó Teresa—. Don Juan de Oñate dirigió la expedición de los españoles y los tlaxcaltecas a esta zona. Lo acompañaban casi mil personas. Ellos le dieron el nombre de Santa Fe a este lugar.

—¿Cómo eran? —preguntó Annie.

"Spanish and Indians from Mexico City," said Teresa. "The Tlaxcalans were craftspeople. They decided to live in Analco and re-built this old house in 1610 because it had started to fall to pieces except for the thick adobe floor and the base walls."

—Eran españoles e indios de la Ciudad de México —dijo Teresa—. Los tlaxcaltecas eran artesanos. Decidieron vivir en Analco, y reconstruyeron a esta antigua casa en 1610 porque se estaba desmoronando. Sólo estaban intactos el grueso piso de adobe y las paredes de la base.

"The original Pueblo Indians revolted against the Spaniards in 1680," she said. "There was a lot of fighting and many buildings were destroyed, but not this house. In fact, some of the victorious Pueblo warriors lived in this house."

—Los indios pueblo se rebelaron contra los españoles en el año 1680 —dijo ella—. Hubo muchas batallas y muchos edificios fueron destruidos, pero esta casa no. De hecho, algunos de los guerreros indios triunfadores vivieron en esta casa.

"What happened after that?" asked Annie.

"The Spanish came back in 1692," Teresa said. "It was a General De Vargas who recruited mixed blood Indians from Mexico to come and retake Santa Fe and rebuild the whole neighborhood. Guess what? The street this house is on is named De Vargas after the general."

"This is De Vargas Street?" asked Annie.

—¿Y qué pasó después? —le preguntó Annie.

—Los españoles regresaron en el año 1692 —respondió Teresa—. Fue un general llamado De Vargas quien reclutó a indios mestizos de México para reconquistar Santa Fe y reconstruir todo el barrio. ¿Adivina qué? La calle en la cual se encuentra esta casa se llama De Vargas, en honor al general.

—¿Ésta es la calle De Vargas? —preguntó Annie.

"Right," answered Teresa. "And after the Spanish came back, the Governor lived right here, too."

Annie said, "Everyone wanted to live here."

"So many people have lived here," said Teresa. "From the first Indians who built it in 1200 to the Pueblo rebels to the Spanish Governor to the boys who lived here when it was a dormitory for St. Michael's School, and then there were a couple of women healers who spent some time here, and then there's the old ghost."

"I know who you mean," said Annie.

—Así es —contestó Teresa—. Y cuando regresaron los españoles, el gobernador también vivió aquí.

—Todos querían vivir aquí —dijo Annie.

—Tanta gente ha vivido aquí —dijo Teresa—. Desde los indios que la construyeron en el año 1200, a los indios pueblo rebeldes, al gobernador español, hasta los niños que vivieron aquí cuando era un dormitorio de la Escuela de San Miguel. Luego hubo un par de mujeres curanderas que pasaron algún tiempo aquí, y también hay un viejo fantasma.

—Yo sé a quien te refieres —dijo Annie.

"At one time, an Indian man lived here in the house. He died here. They say he loved the house so much that his spirit never left," said Teresa with a smile. "In fact, I've seen him many times. I don't think he's seen me, but he seems nice and he likes to stand outside on the street and look at the house."

—Hace tiempo, un hombre indio vivió aquí en la casa. Murió aquí. Dicen que él quería tanto a la casa que su espíritu nunca se fue —dijo Teresa, mientras sonreía—. De hecho, yo le he visto muchas veces. No creo que él me haya visto a mí, pero al parecer es simpático y le gusta pararse afuera, en la calle, y ver a la casa.

"You know," volunteered Annie, "I've sometimes seen a man walk through the walls of the house. It must be the ghost. He comes in and looks around and then leaves."

"I remember a few years ago when a group of people came to study the old house," said Teresa. "And they took pictures of everything. One day one of the men came back and showed the owner a picture with bright lights on it. They think it was the old ghost."

Nobody will ever know for sure.

—Sabes —dijo Annie—, algunas veces he visto a un hombre que camina a través de las paredes de la casa. Debe de ser el fantasma. Sólo pasa, mira a su alrededor y se va.

—Recuerdo que hace unos años un grupo de gente vino a investigar a la casa antigua —dijo Teresa—. Tomaron fotos de todo. Un día uno de los hombres regresó y le enseñó al dueño una foto con luces brillantes en ella. Se cree que era el viejo fantasma.

Nunca se sabrá, sin duda alguna, si es verdad.

# Vocabulary • Vocabulario

**Snow • Nieve**

**Governor • Gobernador**

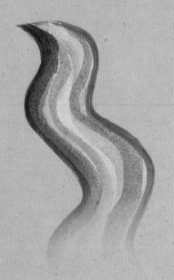

**River • Río**

**Ghost • Fantasma**

**Angel • Ángel**

**House • Casa**

**Moon • Luna**

**Rug • Tapete**

**Stars • Estrellas**

Copyright © 2012 Lectura Books
All rights reserved
First edition

Publisher's Cataloging-In-Publication Data
(Prepared by The Donohue Group, Inc.)

Aragon, Kat.
  The oldest house in the USA / by Kat Aragon ; illustrated by Mary Jo Madrid =
La casa más antigua de los Estados Unidos / por Kat Aragon ; ilustrado por Mary Jo Madrid.

    p. : ill. ;  cm.

  Bilingual. Parallel text in English and Spanish.
  Summary: Describes the history of the oldest house in the United States, also known as La
Casa Vieja de Analco, located in Santa Fe, New Mexico.
  ISBN: 978-1-60448-015-3 (hardcover)
  ISBN: 978-1-60448-016-0 (pbk.)

  1. Dwellings--New Mexico--Santa Fe--History--Juvenile literature.  2. Pueblo
Indians--Dwellings--Juvenile literature.  3. Dwellings--New Mexico--Santa Fe--
History.  4. Pueblo Indians--Dwellings.  5. Spanish language materials--Bilingual.
I. Madrid, Mary Jo.  II. Title.  III. Title: Casa más antigua de los Estados Unidos

F804.S28 C37 2011
978.956 2011937638

**Lectura Books**
1107 Fair Oaks Ave., Suite 225, South Pasadena, CA 91030
1-877-LECTURA (532-8872) • lecturabooks.com

Printed in Singapore